Edition Die Tausend

Herausgegeben von Helmut Braun

Frederike Frei

Echt Himmel das Blau heute

Gewidmet all denen, die mir ihre Ohren geliehen haben.

Vorwort

Blumen entwaffnen, sie laufen nicht weg, hetzen nicht,
setzen niemanden unter Druck, auch nicht sich selbst.
Sie lassen tief blicken, geben sich restlos her,
haben nichts zu verbergen, weder als knackige Knospe,
noch als schüttere Alte. Sie kennen nur ein Ziel:
zur Sonne. Eines Tages kommen sie groß raus, jede.
Es ist ihr höchstpersönliches Coming-Out.

Inhalt

ges. gesch.
CE
7278
Printed in Germany

Ins Leisesein gezogen,
ins Immerleisersein,
in die Knochenkälte: Da
liegt der Anfang
der Welt.
Schneeglöckchen,
zierliche Spinnerin,
ein Pflückchen Grün,
berückend. Unerhört
vom tauben Harsch.

Seltene Sippe.
Wunderäugelchen
im Blütenballon auf
Spitzenkragen mit
Lichtschlitz für
Sonnenblitze. Der
*Winter*schlinge*ling*
stülpt den Rock
über den Kopf, lacht
sich ins geballte
Fäustchen. Gegen
Schnee siegt so
einer einfach.

Bestäubt, betäubt vom
Flutlicht der Pollen
bummeln die Hummeln,
taumeln, purzelbaumeln
im berstenden *Märzbecher.*
Krass grün der Kreis auf den
naseweißen, vorfrohen
Blütenblättern, hingetupft
vom genauen Zufall, dem
angeheiterten Gott.

Früh im Frühling
sprotzt die verrückte
Forsythie genial
gegen Haus und Zaun,
fängt Feuer,
brennt
darauf,
Blinde zu verblüffen
und sprüht am Ende
trockene Tütenblüten
kümmerlich ins Off.

Graupel im Garten,
Staub, faules Laub,
Tannennadeln und Silvesterreste,
der Boden
ein Kalenderblatt.
Liegenlassen, bitte
nicht betreten.
Zwischen Himmel und Erde
gleich überm Moos
wohnt hier
blasse Blütenhaut in der Kälte,
bibelseitendünn,
eine stumme Botschaft
für alle längst verletzte Welt.
Im Innern sammeln sich
Flutlichter,
sie halten zusammen für
ein Häufchen Herz,
offen trotz Frost
im Kelch, der nicht vorübergeht,
sich immer neu füllt
mit Trost statt Tränen oder Tau,
weil wer den braucht
wie Tempos.
Es ist der Name.
Christrose.

Gefunkel

Ranunkel

glutorange in fedriger

Luft, gefüllt und gefältelt. Das bitterzarte

Geschlecht, es passt in die Höhle Hand. Unfassbar

prall platzt es nicht. Es öffnet sich

Schicht um Schicht mit der

Aussicht auf Fülle und Hülle,

ein Wanst von

Licht.

Plötzlich zündet die Rakete
Krokus am Boden,
flammt auf.
Immer neue Freudenfeuerchen
züngeln im Gras,
brennen durch.
Startrampen Stiel,
knöchelweiß, knicken ein.
Schnee
von gestern
schleicht sich weg,
versifft wie Gift.

Der

Turm

der blauen

Blüten auf

kraus & quer gesteppten

Blättern – Impression mit

Primeln. Ihnen blühen

bunte Wagenradhüte aus

Seidenstofflappen wie den Ladies von Ascot,

eine Riesenwiesenbrosche vom Frühling

angesteckt, das Osterei

des Kolumbus.

Glänzend mit Bändern
gehalten der frisch
lackierte Glockenstuhl
Hyazinthe, umflirrt
von schnellen Libellen.
Hummeln schummeln
sich mit ins Geläute.
Blüten aus Plastik &
Porzellan schwitzen
süße Säfte aus, kleben
mit ihrem Duft an der
Luft. Nachts geraten
sie einbalsamiert unter
die Haube. Reinen
Maiglöckchenwein
schenken sie ein. Das
endet mit Suff im Puff.

Rote Damen aus Rotterdam
in aufgeblähten Blumenröcken
an tausendundeinem Tag.
In ihrer Mitte Tulipan,
mit seinen *Tulpen*stiefeln geht er ran,
toller Typ mit Turban,
salatbunt, quietschfrisch.
Abgeschnitten probt er
Tiefliegeangriffe auf den Tisch.
In seinen Bottichblüten aus Seide,
aus Gras
stehen Dauerdochte und
schwören sich
was.

Jungfernhautdünn
zerrüttetes Packpapier
schlunzt um den
schnittigen Stiel.
Stolz stehen
Klöppel im Kelch.
Die Kräusel am
Becherrand
Haltebuchten für
Bienenbäuche.
Blütenkalkül:
Süß und süßer duften
nach süffigem Frühling.
Unbefleckte
Empfängnis
in Farbe.
Noch nachts
leuchten *Narzissen* nach.

Gänseblümchen werfen
mit Sonnenstrahlen um
sich wie Prinzen
mit Kamelle
beim Kölner Karneval.
Den letzten warmen
Schimmer
behalten sie für sich,
ziehen die Jacke über
den Kopf in der
Dämmerung
und lassen sich die ganze
Nacht nicht
mehr blicken.
Morgens
errötende Köpfchen auf
Stengelbengeln. Schon erwischt
sie die Sonne.

Super*blume* topfit, in voller
Montur. Innen schmilzt ein
*Butter*klump, die Wiese riecht
nach grüngelb gesprenkelter Kuh.

Mädchen flechten sich
Blütenkränze, die Jungs
stecken ihre geschlauchten
Stiele ineinander für eine

*löwenzah*me Wasserleitung.
Im gilben Sonnenlicht treiben es
greise Grauchen mit Propeller.
Urjung die Umpusteblume.

Glatt gelacktes nacktes Gelage
in blankem Buttergelb. Die
Stempel frech gereckt.
*Sumpfdotter*süchtige Schmetterlinge tafeln an
den Blütentellern im
Sonnenduft Osterluft.
Immen saufen Lachen aus,
Hummeln horten Honig,
Bremsen präsentieren ihre Gier.
Wunder, was für ein
Beschiss.
Die Haufen
Golddukaten im Moor zeigen sich
fern von abrupflustigen Fäusten
einzig dem Auge.
Das hockt hier in Märchenknast.

Manna.

Minneduft im Freien.

Fadenfeine Zitterzeichen

die zweigezinkten Gäbelchen

im *Dill*fell, jedes sprießt für sich,

lässt Seehimmel durch jenseits

von Fisch oder Küste, eine

einzige Singleparty.

Wie wild die *Linde,* ihr
süßes Blütenholzgeraspel
verpasst dir eine Handbreit
Helle mitten ins Gesicht.
Der Himmel ein Käfig aus
Honig, Trost, Duft und
Gewölle.

Knackiger

Stiel, entzückend

zu pflücken, vertüllt

in knistergrünen Blattzungen.

Untergetaucht im Eichenlaub.

Endlich angekommen im Sonntagsstaat mit Reifröckchen,

Leibglöckchen, jedes geglückt. Sie baumeln sich hoch als Turm

zu Hochzeitshäubchen. Oh dieser Schuft *Maiglöckchen*duft.

Unschuld, die Schwerverbrecherin. Sie kriegt

mindestens ein Jahr

Waldbodenhaft.

Voll Stoff *Basilikum*,
bullig hohle Blätter,
bauschig aufgetürmt
zum Überschnappen.
Die duftige Droge robbt
zum Gaumen, legt sich
Blättchen für Blättchen
anzüglich über die Zunge.
Die presst draus eigenseligen
Saft, und der erste
Geschmacksstrahl
trifft dich, als wär er
aus Sonne.

Ihr Herz
ein Wunderknäuel,
blütenglatt verpackt. Blättchen,
Läppchen drum herumgelegt, seidig
elegant verklebt, Schicht um Schicht,
hauchfein heil, ein Kopf in
groschengold, *Trollblume*
doldenhold, so wie
eine soll.

Hohe Zeit.
Stramm am Zügel der
aufgebrochenen Rinde
preschen grün beflügelte
*Apfels*chimmel zu fünft
aus der Borke. Am Ende
der knorrigen Deichsel
überschlägt sich
der Trupp
blindlings ins Blaue
aneinander geschmiegt
wie seidene Falter. Wäre
Luft sichtbar, sie bestünde
aus betörend errötendem
Blütenbaumschnee.

Traumwandler *Mohn*,
überwältigt vom Rollkommando Rot,
bis ins Innerste zerknittert,
eine einzige Zitterpartie,
doch ohne alle Risse
hochheil geblieben,
um sich zu entfalten, zu leuchten.
Ihm wurde kein einziges
Schimmer- und Flimmerhärchen
gekrümmt. Er
blütet.

Malerblaues *Immergrün,*
Seentropfen von
Cézanne mit einer Messerspitze
Arallack versetzt, findet
zu neuer Größe
im Kraut. Zwischen fett
glänzenden, ilexblanken
Blätterchen trifft
sein Blick von
unten im Schlagschatten hoher
Häuserwände.
Abertief
saugt es dich in seine hellere Iris.
Wer sich am Boden
hält, weiß den Weg
zu Quellen.

Blausternchen macht sich
dünn. Ihm sitzt die Erde
im Genick. Es spritzt hervor,
blitzt im Licht, den Blutfaden
sieht man nicht. Dicht
an dicht steht es zu
Füßen ferner
Bäume im Park.
Überm Abgrund Gras
glänzt der Wasserspiegel
seiner Blüten. Zum Niederknien.

Alle Farben sammeln sich im
Weiß, alle Gefühle in der Tieftrauer.
Nie Blüten ohne Boden,
nie Duft ohne Dolde,
kein Grün ohne bockige Stöcker,
keine Herzblätter ohne diese Dreckserde.
Immer nur
Flieder
natur.
Lila Blütenbomben
honigtauschwer
frisch hergeschenkt
implodiert der Duft
in der Nase und wird im Ausatem
schon wieder verloren.
Die Sinne
bringt er zum Schwimmen, setzt sie
ins Luftküssenboot Erinnerung.

Aus jeder Noppe
sprüht ein
Pinselbusch.

Lichte leichte *Lärche*,
sie trifft ins
Immerich

mit ihren Zwitterzeichen,
Nadelstreifen,
heilig,

heilig, herrlich,
härlich
lärchig.

Sie führt ein Lotterleben
in der Luft, die freche
Fuchsie, treibt Ikebana mit
sich selbst, eine
Meisterin in der Kunst,
sich aus dem Fenster zu
hängen.

In den Pagodendächern der
Blütenbecher sammelt sie
Sonnengold für hoch
fliegende
Pläne.

Dürre
Blütenträume sind
abgeblasen. Sie kann es
wagen, den Kasperkragen
zu tragen im Narrenton, der
wechselt schon von fröstelnd blau
zu fett violett, ihr Beet
ein Bett.

Nahtlos dicht
zusammengerollte
Mattseidenblüten
mit grünen Grübchen
im Saum wachsen ums
kreisrund aufgepolsterte Medaillon
so gleichmäßig wie die Arme Shiwas
um sein indisches Haupt. Sie beten
den *Margeriten*kranz, und du lebst
los in dieser Sekunde mit
blütenreinem
Gewissen.

Raue
heile *Minze*
fädelt sich in den
Atem, in den Sinn,
zieht auf Findelfüßen
in die Nüstern.
Gesundheit,
Tempel
du.

Dichter

Blumenbaum,

ritenrot, fast fromm.

Haushoch wirft er sein

dunklergrünes Blätternetz

in die Luft mit prall

gefüllten Domrosetten.

Das verharrt auf der Stelle,

hüllt ihn ein, schützt. Luft

schwimmt hindurch wie

Wasser, blitzt. Gott tarnt

sich mit *Rhododendron.*

Zweige greifen um sich,

niemand kommt ihm nah,

dem brennenden Busch.

Entzündete

wir.

Noch

grün als

Blaubeere

reifen im

Gezwitsch

und Gesträuch

summm und satt,

laufend besucht von

beflügelten Ameisen,

früh geläutert vom

Tau und immer

mit jüngeren

Früchtchen

an einem

Strang.

Biedere

Fiederblättchen

flitzen, blitzen durch Blütendessous,

füllen wieder Büsche von unten mit morgenrosa

Pompons. Liebreizwäsche. Jeder Zweig ein Strumpfband

ausgerollt ins Freie, schamlos schön geschürzt sitzen die Strapse am

Strauch, gepolsterte Aufplatzpatronen aus Flausch. Im

Negligé steht das *Mandelbäumchen* an der Straße,

zeigt sein duftiges Geblüt, gibt

dein Geheimnis

preis.

Daumendicke Knospen aus
gezinkten Blättchen kommen
klebrig lederfest gekrochen
mit *kastani*sch*e*r Kraft.

Maienweise Grün fingert sich
aus der Rinde, hängt herab,
abgeschlafft, die Ruhe vor dem
Blütensturm, der sich hebt.

Küss die Blätterhand, gnä'
Baum. Lass das Licht an im
Laub. Leute heute sind heilig,
die Herzen hoch wie Kerzen.

Sie reißt sich die Blütenblätter
vom Leib, hat sie nicht mehr
alle. Unten im Gras
Scherbenhaufen Licht aus
Porzellan mit rosaweißen
Schnittkanten.
Das ist die wahnsinnige
Magnolie. Weg wirft sie
sich, wem an den Hals,
hat Heimatweh, steht fremd.

Licht im

Verließ zieht

Blicke ins Tiefe. Im

Stempelschacht scheint helles

Binnengrün. Jede Blüte

ein Doppelherz aus lebendigem Samt,

an den Spitzen zusammengeküsst.

Schlafzimmeraugen der Nacht

mit schwer schwarzlila

Lidern. Die Entdeckung

der *Petunie*, Entdeckung

eines Erdteilchens.

Wollgras heißt das Tier, das
ein Wundersame verwandelte
in eine Pflanze, eine pudelige
Beerenfellmütze, einen schloh
weißhaarigen Zwergenwisch, in
Zuckerpuppenwatte am Stängel.
Sie schmiegt sich an, will jeder
Charakterpanzerhaut unters
Leder und blüht solange, bis
sie wärmt.

Aber*tausend Schönchen* im Blütentütü, das
Grübchen in der Kissenmitte süchtig nach
Berührung von Büschen frei
schwebender Feen, Elfen
und Fabelfräuleins.
Unten ackern
Blattsalatblätter,
mischen die Krume
auf, werfen gleich
die Brocken hin.

Von der Muße geküsst über Nacht.
Das dunkle
Blätterlaub plötzlich
kopfüber mit
höheren Röschen
besteckt, schlupf unter
ihr Deck. Weißt du, wie
viel Blüten dir ste-he-hen?
Die *Rotdorn*enkrone
hält dicht.
Mit haushoch
erhobenen Ästen
baut er sich
auf mitten im
Weg, der ausgewachsene Schutzengel.

Kühl, süß, grün
zieht sein Duft in jede
einzelne Pore, auf die
Lippen legt er sich,
lässt müde Gesichter
leuchten, spricht sie selig,
heilig sogar.
Holunder,
Aura der Kindheit.
Hochgehalten die Blütenpokale
im wattehohlen Holz,
lichtweiße Schirmchen,
ein 1 A Tüllspitzenangebot
an die Sonne.

Vielblättrige Glücksblüten,
immer wieder runderneuert,
farbecht rot,
rott geradezu,
ein tiefes Rottenrot.
Jede *Geranie* vor
kalkweißer Wand
ein doppeltes Rottchen,
die satte Antwort
auf eine Handvoll
Sonne
in der Stadt.

Vom Morgenrot der Artillerie
bis zum Abendrot der Tiara.
An der Farbfront baut das
Fleißige Lieschen
Blütenblatt
für Blatt im Mengenrabatt.
Überlandboten des Sommers,
luftgemeißelt
aus Sonnenlicht und
Wolkenwasser, ein Fluten und
Wogen, hier wird
keiner verfolgt,
durch dies rote Meer muss
niemand hindurch,
darf blindlings baden gehen.
Die Blütenköpfe
recken
die Hälse,
geil auf
Guillotine vor Glück.

Blütchen in Tütchen
flirren im Wind wie blind.
Fludderblüten zum Flusenhüten!
Meines Liebsten Augenweide *Phlox,* sein
blühendes Bauernherz, ein Bollwerk aus
Zärte.
Süßer, die
Blüten, sie singen vom Blatt, tönen überland,
blitzen im Licht, Rädchen ihr Gesicht.
Laufend blühen sie, davonlaufend,
entschwirrend, sie fliegen im
Liegen, verwöhnen die Luft
mit Duft. Nicht zu fassen
sind sie mit Wörtern,
nur Tönen. Töne
sind Tränen, die
nach innen
fließen.

Echt Himmel das Blau heute.
Gleich platzen den Knospen
Kopf und Kragen. Der grüne
Blütensteiß: prall. *Oleander*
hat 'n Knall. Schamlos gefältelt
die rosaröteren Rüschen, hübsch
schütter. Soviel Schönheit ist eine
eine Schande.

Duft von Salmi und Kaukau,
Knusperknospe
Thymian, helle
Blättchen im Gewusel laufen langsam
dunkel an, sitzen sich
zwei und zwei gegenüber am Stiel,
schön gezeichnete Möwenbögen
im Kinderhimmel, ausgemalte
Kerben von Herzen im Poesiealbum.
So
zwiegeteilt wächst die
wirre Welt.

31830
PZB

Herzaufreißerin *Rose,*
Seelenfleisch
fressende Pflanze.
Der rote Teppich meiner Sinne
ist ausgerollt.
Sie setzt ihre Duftfüßchen
eins vors andere, wankt auf mich zu
mit dem verhüllten Haupt
eines Bergmassivs aus
Blütenpapier,
kupferfuchsrost, furienblutrot.
Ich tauche ab
in seidige Gründe, Schlünde,
verschwinde in Spalten, Falten,
mein Herz von Hand gepflückt für ihr
Abendmahl,
verleibe mich ihr ein mit
Haut und Haar,
bis sie genug hat von mir,
sich zurückzieht
mit aller Sorgfalt
der Vollendung.
Doch ich bleibe noch
hängen an ihren
verkümmerten Träumen,
den Dornen.

Unter

ihrer

Kapuze

fliegen heimlich Elfen vorbei,

landen leicht, wippen auf & nieder,wurzeln rasch an

unterm Blätterdeck vor heiligem

Schreck über die Wolke Himmlischgrün, in der sie

stecken. Über die Sonnenschirmherrschaft ihrer

Blätter ranken und räkeln sie sich hinaus, spielen

Trompete mit

Libellensporn als Mundstück und

wimpernweichen Lufthälsen, wachsen

sich aus zum *Kapuzinerkressen*orchester, die Gebrüder

Leichtsinn. Gold, rot, schwarz linsen sie ums Eck,

lachen

sich

weg.

Bitterschöne *Begonie,*
offenes Feuer zu
Füßen der Büsche
versteckt.
Sie thront am Boden,
blättert ihre Ansichten auf,
die Offizierswitwe.
Vollweib,
das Farbe bekennt:
Generalsrot
mit dieser Prise Zwielicht.
Biesen blitzen, Blutspuren als Seitennaht.
Ihr brechen so leicht die
Hand- und Fußwurzelglieder.
Sie hat keinen Halt
auf freier Strecke,
die Feldherrin blüht
in getränkter
Erde.

Leuchträder
aus Blütensatin
mit eingravierten Speichen,
Sie steht da ohne Waffen, zeigt
Hand- und Fußteller am Pranger,
viel zu kurz angebunden an den
rauhaarigen Zündstengel mit
seinen hochexplosiven Knospen.
*Malve*nradar ortet den Norden.
liefert den, den es erfasst,
selig an den Süden
aus.

Schnabelblüten im
Blätterschuh, geheimnisgluh.
Sie rafft die roh
seidene Robe bis zum
Hals, hält sich
bedeckt.
Der Wind, ein flüchtiger
Bekannter, scharmützelt mit
ihr, doch er verfängt nicht, schüttelt
keine Schulter frei, schält sie
nicht aus ihrer verklemmten
Schatulle, die *Gladiole*
steht ihre Lady,
Blüten zückt sie wie Degen,
noch mit der Luft ficht sie
Florett, damit niemand von
oben auf sie
herabschaut.
Sie verharrt im Angebet
ihrer Fans.

Die

Finger

rutschen dem

Stängel glatt

die Buckelchen

runter,

fühlen den seidigen

Schliff der

knubbelig kleinen

klitorisfeinen

*Nelken*gelenke,

Hexenhügelchen,

Venuskügelchen,

robben

wieder den Stiel hinauf, um

die Lava der

Blüte zu fassen.

Ausbruch in geronnenem Rot.

Sinn

satt.

Halbmast
geflaggt die
strohigen Stiele
mit Sternen aus Himmelshaut
in der Farbe träger Trauer. Blaublüten,
wie Münzen mir übers Ackergras
locker vor die Füße geworfen
halten sich fest am Stängel,
warten am *Weg* auf Poeten,
ahnen die Namen, heißen
selbst zwei Wörter
schön.

Gewitterblume,
Herzstück mitternachtblauer
Periode, diese einzige Farbe,
in der ein All aufleuchtet.
Klematis, freie Künstlerin,
die durch den Winter kommt,
man fragt sich wie, die auftaucht
in Flatterseide, wenn man
sie gut behandelt. Wohin sie
auch flieht, sie saugt unsere
Blicke auf, lässt sie über
die Ufer treten und nie
wieder versickern.

Bauerntochter aus gutem Haus.
Ihr Haupt voll Glut
und Wunder.
Jede Dolde der dorfschönen Dame
ein Globus
aus hohlen Halmen,
losen Röllchen und schlanken Flöten,
Schlupfwinkel
für Hummeln und Summeln.
Sommersatt
strahlt die *Dahlie*
ins Leere.
Eine, die gründlich überlebt,
garantiert erdbebensicher,
urälter als jedes
Ich.

Die Vorvorvorvorvorgestrige,
die immer schon Ewige,
das Warmherz von drüben.
Sie überragt uns von weitem
mit diesem zweiten
Gesicht.
Van Gogh-Gesandte,
er ihr Modell,
sie die Malerin
mit reichem Blütengestrichel,
haushoch überlegenem Wuchs,
dem Blattwerk im Schatten.
Ihr gegenüber pickt sich jeder etwas
heraus, denn ihm persönlich
gilt ja ihr Gruß.
Schwer gebeutelt
trägt sie ihr Haupt,
bevor ihr schwarz wird vor Augen,
der *Blumensonne.*

7225

Die Ruderblätter der Blüten
schaufeln sich Schatten ins
luftige Pflanzenwams. *Zinnie,*
Heldin mit Löffeldolchen im
Gewand wie aus dem Mittelalter herüber
geblüht unter der Patina der
Ritterlichkeit. Das Siegeskränzchen
aus Sternchensprüh überm
Amboss Fruchtkuppel eine
wollustige Bleibe fürs Auge.

Macheten

stechen ins

zerfledderte Blau. Eingeigelt ins

Abstrakte. Zickzacken aus gesotten orangem Blütenfleisch mit

wundrosa Rand. Ihr schwellen

die Hennenkämme oder setzt sie

etwa Schnäbelboote aus? Ah,

die *Strelitzie* lässt bloß ihre frisch lackierten Fingernägel

trocknen im

Oberlicht.

Nicht ganz dicht
das eingefleischte
glatte Blatt,
tiefdunkelgrün,
ausgerollt zur Lagune,
in die der Donnerunddoriadorn
seine Pickelzunge
'raus oder 'reinhängt.
Er zeigt, wo's langgeht:
Ins Offene, Betroffene, Besoffene.
Göttlich geile *Anturie*,
Antifurie, Gegenwüterin,
Heißblüterin, Hitzehüterin.
Heile Welt Exstase
in der Vase.
Mir schlägt's die Lider nieder
so schmetterlingsleicht,
dass am anderen Ende der Welt
auf meinem Schoß
die Erde bebt
im Topf.

Braut im Soldatenmantel,
die aus dem Schatten der Zypresse tritt.
Blaublut. Sie steckt die Landschaft ab,
steht als Leuchtturm im Land,
jede Rispe ein neuer Einfall
von Licht.
Luftgeist *Rittersporn*,
der nie den Boden unter den Füßen verliert.
Er tritt dir vor die Augen,
reicht bis zur Brust, Hände
hoch. Ergib
dich.

Fremde Fee *Azalée*,
Blütensturm und Tannenblätterschnee.
Jeder Farbfleck eine dunkelrot angelaufene
Scham voller Rillen, Nillen, Blättchen und Rosettchen, in
alle Himmel gezupft. Epiphanie für die Augen, nur mit
Fingerspitzen zu begreifen. Stramm steht
Madame, strotzt vor Herz
und kaltem Blut.

Klassisch
gebaut die *Amaryllis,*
mit dem Lippenrot gemalt.
Farbrauschengel im Monoton.
Ihr Kopf eine wild hergebogene
Krone, von keinem Tütü und
Tata umflattert. Der heile Stamm
gibt grünes Licht. Faserfest
hält er die Stange. Sie hat
den nackten Mut zum
Ohneblatt, die schöne
Schläferin.

Irre, wirre *Myrte,*
schleeweiß und robenrot,
früh reife Liebäugelchen
zünden und züngeln,
reden im Traum, sie singen
und siegen, liegen im
Kelch wie winzige
Wunden.

es. gesch.
Printed in Germany
7296
CE
60
1948 · 2008
ef
0-3

Vom Rosenresli zur Grande
Dame. Bete sie an, die
schönste Nonne im Topf.
Eingeweiht in die Kunde
vom Höchsten, den *Alpen*,
zum Winzling, dem *Veilchen*.
Krone aus Blüten, zur
Schleife geführt, geschnürt,
geschürt.
Glührosa Haube,
brennender Ring. Spring!
Ein Windfang ihr wem
versprochener,
zweimal zerbrochener
Kopf.

Mauerblümchen hält fest an der Erde,
wurzelt, wuchert gegen
das Steinsein.

Eine Erscheinung wie der Himmel
am Abend über der See. Helle
Federarme, fein verzweigter
lippenstiftroter Mund,
aus ihren Augen strahlt die Sonne
im Kopf. Sie steht in der Blüte
ihrer neunundneunzig Jahre.
Dich wie sich wandelt sie
mit nichts als dem bisschen Atem.
Diese Gottesgabe ist ihr Eigentum.
Sie lebt davon, dass sie lebt.
Welle für Welle lotet sie den Ozean aus in uns.
Einundausatmen mit hunderten Verwunderten
ein Riesenwerk, eine Mammuttat.
Ilse Middendorf, die einzige
Blume, die sich fortbewegt,
die ihre Wurzeln immer dabeihat.
Sie blüht dir mitten im Weg,
ihre Füße nippen nur am Boden.
In ihrer feinsten ureigensten Robe
flügelt sie als Same überland,
bis sie sich einnistet auf Erden,
um neu zu keimen.

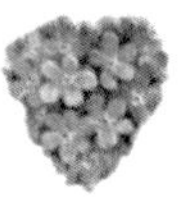

Nachwörtchen

Hinter der Glienicker Brücke weist mein Mann beiläufig auf einen blühenden Baum links im Schlosspark und meint, ohne den Blick von der Straße zu nehmen: »Da ist die wahnsinnige Magnolie.«
So entstand das Magnoliengedicht. Ein work open end, denn die andern Blumen wollen ja auch noch drankommen.
Wer nicht warten will, setzt sich am besten selbst ans Werk.

Wem darf man sonst schon zugucken, solange man Lust hat.
Werfe ich einen Blick in fremder Leute Kinderwagen, um mich satt zu sehn an der heiligleiblichen Schrift unfasslicher Fingernägelchen und Ohrläppchenchen, muss ich das Weitere suchen, weil die Mutter mich anstiert wie ein Spitzelgespenst.
Doch ein Kirschblütenzweig hält still mit seinen hingehauchten Gedankenstrichen, eingesät in Kirschblütenseide, mit dem mageren Fruchtknötchen, lindgrünen Knubbelchen, giftgrasigen Kuppelchen, der bissig grünen Minimoschee, von Staubbeuteln umstellt, die kleinste Flutlichtanlage der Welt.
Eigentlich gibt es nur einen einzigen Grund, zu schreiben: mit Wörtern der Welt die Welt der Wörter zeigen.

Sah ein Knab …

Als ich im Café nach seiner Lieblingsblume frage, rückt ein jüngerer Freund von mir ganz plötzlich damit heraus, er sei ein Blumenhasser. Es sprudelt nur so. Ich kann gerade noch nach einem Zettel grabschen und seinen Worten hinterherlaufen.

»Ich mag keine Blumen. wenn sie draußen rum stehn. Also ich mag schon Blumen, nur nicht, wie Menschen damit umgehn. Mohn mag ich in den Getreidefeldern. Kornblumen, die man kaum noch sieht. Keine Hausblumen, so wie Haustiere, sterben doch immer, weil sie schlecht gepflegt werden. außerdem sind mir Blumen zu fröhlich, zu lieblich, zu extrovertiert, zu bunt. Für sich ist das gut, aber wie die Blumen benutzt werden, das hat viel mit Heuchelei zu tun. Außerdem kann man mit Blumen Menschen korrumpieren. Sie tun mir leid. Meine Lieblingsblume ist trotzdem die Tulpe, weil sie so stumpf ist, stumpfe Farben hat, so einfach ist, einfach vier Blätter.«

Er macht eine Pause.

»Dies ganze Gestische, dass man sie verschenkt, dass sie eingewickelt werden, dass sie geordnet werden, das mag ich nicht. Blumen sträuben sich auch beim Wegwerfen, sind sehr widerborstig. Sie vertrocknen und sperren sich, in den Mülleimer zu wollen. Und wenn man sie dann reintut, ist die Tüte plötzlich ganz voll. Auch der Blütenstaub ist so hartnäckig auf dem Tisch. Also Blumen machen nicht nur Freude. Ordinär, einem die Vergänglichkeit so aufzudrängen, nach nur paar Tagen auf dem Tisch. Was ich auch nicht mag – siehste hier – Blumen haben was Trennendes. Blumen auf Tischen nehmen Lebensraum, nehmen einem den Platz zum Essen und behindern das Gespräch.«

Am nächsten Tag treffe ich ihn zufällig wieder und will noch was dazu sagen, doch er unterbricht mich sofort, und ich kann gleich weiter schreiben.

»Ich weiß, ich weiß, mir sind Blumen vielleicht zu feminin, weil ich selbst so blümchenhaft wirke, auf jeden Fall nicht männlich.

In eigener Sache

„Ich begann zu leben als der Krieg aufhörte. Als Wildfang, Fußballtorwart und Zappelphilipp, was ja früher noch möglich war in Familie und Schule, kämpfte ich mit Jungs gegen Jungs, behielt das später sogar noch im Literaturbetrieb bei, aber saß auch auf dem Kantstein, um mit Mädchen Lackbilder zu tauschen."

Studium der Germanistik und Theologie in Hamburg; Schauspielschule. Schauspielerin an verschiedenen Theatern, im Film, Fernsehen und in der Werbung. Seit 1976 vielfältige Aktionen mit eigener Lyrik, ausgedehnte Lesereisen.

Publikationen: Losgelebt, Gedichte, Köln 1977, Vom Lieben geschrieben, Gedichte und Kurzprosa, Frankfurt/Main 1984, Circus Roncalli, literarisches Bilderbuch, München 1985, Ich dich auch, Gedichte und Prosa, Frankfurt/Main 1986, Unsterbl.ich, Prosa , Hamburg 1997. Hörspiele im Deutschlandradio, Saarländischen Rundfunk und NDR.

„Seit 1999 lebe ich in meinem Geburtsland Brandenburg, In der Straße Am Neuen Garten fing ich an, Blumengedichte zu schreiben. Jetzt bin ich umgezogen in eine Wohnung mit Apfelbaum im Garten. Und wie heißt unsere Straße? Uhlandstraße – nach dem Dichter des berühmten Apfelbaumgedichts.

Impressum

www.edition1000.de

Entwurf: Betina Müller, Potsdam

Herstellung: Rheinische Druck, Weilerswist

Verlag Ralf Liebe

Kölner Straße 58

53919 Weilerswist

Telefon 02254 3347

Telefax 02254 1602

info@verlag-ralf-liebe.de

www.verlag-ralf-liebe.de

ISBN 978-3-941037-17-5

20,–EURO

Zum Andenken